Le mental d'un entrepreneur

100 Astuces pour devenir un entrepreneur à succès.

Georges Manfouo
Ariane Fritzsche
B.I.S.O Consulting 2021

Table de Matieres

Chapitre 1 : Introduction - Pourquoi devenir entrepreneur ? 3

Chapitre 2 : L'importance d'avoir une passion 11

Chapitre 3 : Démarrer l'entreprise de vos rêves 13

Chapitre 4 : La gestion des ressources humaines 23

Chapitre 5 : Restez motivé 33

Chapitre 6 : Faire croître votre entreprise 41

Chapitre 7 : Les compétences en communication 45

Chapitre 8 : Marketing et Vente 49

Chapitre 9 : L'état d'esprit de l'entrepreneur 59

Epilogue 64

Chapitre 1 : Introduction - Pourquoi devenir entrepreneur ?

Une enquête récente a révélé que plus de 70 % des personnes souhaitent devenir une sorte d'entrepreneur. Devenir entrepreneur est prisé pour de nombreuses raisons, notamment la fierté d'être son propre patron, le chômage et aussi l'Independence financière. Créer et gérer sa propre entreprise au quotidien n'est pas une tâche facile, mais elle en vaut vraiment la peine.

Alors pourquoi devriez-vous envisager de devenir

Entrepreneur?

Il existe de nombreuses raisons pour lesquelles vous devriez envisager de faire ce pas de géant et de créer votre propre entreprise. Voici quelques-unes d' entre elles:

1. Autonomie - diriger votre propre entreprise vous permet d'être en charge de votre propre destin. Cela vous permet également d'éviter de vous retrouver coincé dans la "routine quotidienne" ou dans la "course aux profits". Pour de nombreuses personnes, le fait de diriger leur propre entreprise leur permet d'avoir une carrière qui se suffit à elle-même.

2. Opportunité - Être un entrepreneur vous ouvre un tout nouveau monde d'opportunités. Vous aurez la possibilité de faire tout ce que vous voulez dans la vie. Cela signifie que vous pouvez choisir de passer votre vie à changer le monde pour le rendre meilleur ou vous pouvez vivre le style de vie que vous désirez.

3. Impact - De nombreuses personnes qui travaillent pour des entreprises qui ne leur appartiennent pas s'engagent sincèrement dans un travail dur et veulent contribuer à la réussite de celles-ci mais ne parviennent pas souvent avoir un tel impact. Lorsque vous dirigez votre propre entreprise, tout ce que vous faites a un impact direct sur l'entreprise, ce qui peut être très gratifiant. Vous avez un grand impact sur vos employés et sur vos clients également. Pensez à des entreprises comme Coca Cola et à leur impact sur les clients. Être entrepreneur vous donne la possibilité d'impacter la vie d'autres personnes peu importe le domaine d'activité.

4. La liberté - c'est la réponse que la plupart des gens donneront si vous leur demandez pourquoi ils veulent devenir entrepreneur. Pour beaucoup de gens, l'idée de faire ce qu'ils veulent et comme ils le veulent est la raison la plus convaincante de prendre le risque de créer une entreprise. Et effectivement - avoir la liberté dans sa vie et sa carrière fait une énorme différence!

5. Responsabilité - lorsque vous dirigez votre propre entreprise, vous êtes responsable vis-à-vis de la société et d'exploiter votre entreprise de la manière dont vous pensez qu'elle devrait être gérée. Cela est particulièrement vrai si vous avez le désir d'aider les autres. Si vous travaillez pour quelqu'un d'autre, vous ne serez peut-être pas en mesure d'améliorer le monde comme vous le souhaitez, mais si vous êtes le patron, vous le pouvez.

6. Être son propre patron - c'est une autre réponse courante pour expliquer pourquoi de nombreuses personnes veulent devenir entrepreneurs. Si vous êtes votre propre patron, vous pouvez faire les choses à votre façon. Vous pouvez prendre vos propres décisions, prendre vos propres risques et décider de votre propre sort. Vous pouvez installer votre propre culture dans votre entreprise.

7. Temps et famille - en fonction de vos objectifs spécifiques de vie, devenir entrepreneur pourrait vous donner une liberté de temps et vous permettre de passer plus de temps avec votre famille.

8. Créer un héritage - si l'idée de créer un héritage durable est importante pour vous, peu d'autres carrières vous en donnent l'occasion comme celle d'exploiter votre propre entreprise. Aux Etats-Unis plusieurs entreprises telles que FORD, KFC, BOEING ou Apple sont des héritages laissés par des entrepreneurs il y' a de cela des années. Au Cameroun on peut citer des hommes d'affaires comme Kadji Defosso, Victor Fotso qui à travers leurs multiples entreprises ont laissé un héritage.

9. Réalisation - si vous avez des objectifs spécifiques que vous souhaitez atteindre dans votre vie, la gestion de votre propre entreprise peut vous aider à les atteindre.

10. Contrôle - pour beaucoup de propriétaires d'entreprise, le sentiment de sécurité que procure la possibilité de contrôler son propre travail est une raison majeure de devenir entrepreneur.

Que faut-il pour devenir un entrepreneur ?

Les avantages à être un entrepreneur sont nombreux, mais il n'est certainement pas facile de créer sa propre entreprise. Les entrepreneurs qui réussissent, c'est-à-dire ceux qui sont capables d'atteindre leurs objectifs, de gagner leur vie grâce à leur entreprise et de profiter des nombreux avantages de l'entrepreneuriat, présentent tous des caractéristiques spécifiques. Si vous envisagez de faire le grand saut et de réaliser vos rêves d'entrepreneuriat, vous voudriez comprendre quels sont ces traits de caractère afin de pouvoir vous les inculquer. Vous serez ainsi en mesure de réaliser vos rêves.

Les entrepreneurs qui réussissent :

- *Ont de la passion et beaucoup de passion.*
- *Sont tenaces.*
- *Ils sont capables de gérer leur peur de l'inconnu.*
- *Ont une grande vision.*
- *Croient en eux-mêmes.*
- *Sont extrêmement flexibles.*
- *Sont capables de remettre en question les idées conventionnelles.*
- *Sont prêts à prendre des risques dans la vie.*

Si vous avez ces traits de caractère, ou si vous pouvez apprendre à les développer en vous, vos chances de devenir un entrepreneur prospère augmenteront. En plus de ces traits de personnalité, tous les entrepreneurs qui réussissent possèdent un certain nombre de compétences.

Voici quelques-unes des compétences qui vous aideront à devenir un entrepreneur prospère :

Concentration - Pour gérer votre propre entreprise, vous devez faire face à un grand nombre de facteurs chaque jour. Les propriétaires d'entreprise qui réussissent sont capables de se concentrer sur l'accomplissement de tâches et d'objectifs spécifiques à des moments précis.

Résilience - il s'agit d'une compétence qui permet de faire face à des hauts et bas de l'entreprise sans les laisser détruire votre concentration. Les entrepreneurs qui réussissent vraiment sont capables de continuer à avancer sur la voie du succès même lorsque l'avenir semble sombre.

Compétences en gestion - une entreprise prospère a besoin de personnes compétentes et les propriétaires d'entreprise prospères doivent savoir comment gérer correctement ces personnes.

Vision à long terme - s'il est facile de se concentrer sur ce que l'entreprise doit faire dans les prochains jours ou semaines pour réussir, les entrepreneurs vraiment exceptionnels (ceux qui connaissent un réel succès dans leurs entreprises) sont capables de planifier des années à l'avance.

Aptitudes commerciales - quel que soit le type d'entreprise que vous dirigez, vous devez être capable de vendre votre vision aux autres pour réussir. Les entrepreneurs doivent posséder d'excellentes aptitudes à la vente, qu'ils le veuillent ou non. Connaître le marketing digital est aussi un avantage pour vendre en ligne. Si vous n'avez pas des compétences en vente ou en marketing digital, il est nécessaire de se former dans ces domaines.

Autonomie - c'est l'une des compétences les plus importantes qu'un entrepreneur puisse posséder. Il est vital pour un propriétaire d'entreprise de savoir qu'il peut compter sur lui-même. Cependant en tant qu'entrepreneur, il faut travailler et collaborer avec d'autres entrepreneurs afin que vous vous entraidiez. Cela s'appelle un ***"mastermind group"***

L'autoréflexion - la capacité de s'arrêter, de réfléchir et d'apprendre est une compétence très précieuse pour le chef d'entreprise. Les entrepreneurs doivent être capables d'apprendre de leurs erreurs et de réfléchir à ce qu'ils ont appris du passé.

La formation - la capacité à acquérir des connaissances est une compétence que possède tout propriétaire d'entreprise qui réussit. C'est aussi une compétence qu'ils ne cessent de développer.

Pour réussir dans vos rêves d'entrepreneur, vous devez être capable d'apprendre des autres. La meilleure façon d'acquérir les compétences d'un chef d'entreprise qui réussit est d'étudier les compétences des entrepreneurs qui réussissent, puis de développer ces compétences en vous.

Chapitre 2 : L'importance d'avoir une passion

La passion est l'un des aspects les plus importants pour devenir un entrepreneur à succès. Sans passion, votre entreprise ne sera qu'un emploi comme les autres.

Astuce #1- Choisissez toujours quelque chose qui vous passionne!

Sans passion, et sans beaucoup de passion, vos rêves entrepreneuriaux se perdront dans le train-train quotidien de la gestion d'entreprise. Jetez un coup d'œil sur dix entrepreneurs les plus prospères et vous verrez que leur passion est le principal moteur de leur réussite. Il n'y a aucun moyen d'échapper à ce fait : vous devez être passionné pour atteindre vos objectifs!

Commencer par un rêve

La meilleure façon de créer une activité est de choisir ce qui vous passionne et de trouver le moyen d'en faire une activité. Vous devez commencer par un rêve. Si vous n'êtes pas passionné par votre travail, vous n'aurez pas la motivation et l'énergie nécessaire pour continuer à franchir les obstacles, vous ne serez pas prêt à prendre les risques nécessaires pour réussir et vous ne serez pas en mesure de vendre votre rêve aux autres.

Astuce #2- Commencez par votre rêve et développez votre entreprise à partir de là.

La triste réalité est qu'une fois qu'une entreprise atteint le début de sa troisième année, ses chances de survie chutent de façon spectaculaire. Seules 44 % des entreprises vivent jusqu'à leur quatrième année. Sans la passion que vous tirez de la réalisation de votre rêve, vous n'aurez pas ce qu'il faut pour survivre année après année. Cela signifie que vous devez créer votre entreprise en partant de zéro et en utilisant votre rêve comme base.

Quelle que soit votre ambition, vous devez trouver un moyen de le transformer en entreprise. Si la base de votre entreprise repose sur quelque chose qui vous passionne vraiment, il sera beaucoup plus facile de transformer ce rêve en une entreprise extrêmement prospère.

dream big

Chapitre 3 : Démarrer l'entreprise de vos rêves

Une fois que vous aurez déterminé que vous avez les traits de caractère, les compétences et la passion nécessaires pour devenir un entrepreneur, l'étape suivante sera de créer le business de vos rêves.

Se lancer dans l'aventure

Le lancement de la nouvelle entreprise de vos rêves peut être la partie la plus facile ou la plus difficile du processus. Cela dépend vraiment de votre situation spécifique. Certains entrepreneurs en devenir sont impatients de se lancer, tandis que d'autres s'enlisent dans les doutes et la procrastination.

Astuce #3- Évitez de trouver des excuses pour ne pas démarrer votre propre activité.

Une fois que vous avez pris la décision importante de devenir un entrepreneur, ne cherchez pas d'excuses et commencez le processus. C'est très important car c'est là que beaucoup échouent. Il faut commencer et ne pas attendre car le meilleur moment pour se lancer c'est *maintenant*.

Astuce #4- Évitez les sables mouvants que l'on appelle la procrastination.

Remettre à plus tard le processus de création de votre entreprise pour quelque raison que ce soit peut vous conduire à vous embourber. Évitez à tout prix le phénomène de la procrastination.

Astuce #5- Faites tout ce qu'il faut pour vous motiver à vous lancer.

Le doute, la peur, l'inquiétude et le manque de détermination peuvent finir par vous empêcher de réaliser vos rêves. Entourez-vous de personnes au mental positif qui ont également des rêves qu'elles veulent réaliser afin de vous motiver mutuellement. Rejoignez des groupes d'entrepreneurs afin de vous encourager mutuellement. Concentrez-vous sur la raison pour laquelle vous voulez devenir entrepreneur (votre passion) et utilisez-la pour vous motiver à faire les premiers pas. Les premiers pas sont les plus importants.

Astuce #6- Développez les valeurs principales.

Le moment est venu de développer les valeurs fondamentales de votre business. Cela vous aidera à créer le bon type d'entreprise, celui qui correspond à votre passion et vous motive à toujours aller de l'avant. Les valeurs fondamentales de votre entreprise en constitueront l'un des principaux éléments constitutifs ; assurez-vous donc que ces valeurs sont dignes d'intérêt. Elles déterminent également la manière dont vous prendrez vos décisions à l'avenir et la direction que prendra votre entreprise.

Passer du statut d'employé à celui de patron

Diriger sa propre entreprise demande du leadership. Pour de nombreux nouveaux entrepreneurs, il peut être difficile de passer du statut d'employé à celui de gestionnaire ou de patron. Il existe des moyens de se préparer à cette transition. Pour les personnes qui ont déjà des compétences en matière de leadership, cette transition peut être plus facile, mais quiconque a la volonté et la motivation nécessaire peut développer des compétences en matière de leadership.

Astuce #7- Apprenez à écouter.

Un bon patron sait comment écouter ses employés et comment reconnaître les bonnes idées. Pour beaucoup de gens, le concept d'une bonne écoute est difficile à envisager. Apprendre à écouter représente probablement l'un des aspects les plus difficiles pour devenir un bon patron.

Astuce #8- Invitez la pensée créative.

Une autre caractéristique d'un bon patron est sa capacité à inviter les autres à partager leurs idées avec vous. Vous devriez créer une atmosphère dans laquelle vos employés voudront partager leurs idées avec vous de façon régulière. Les grandes idées font avancer les entreprises.

Astuce #9- Apprenez à déléguer.

Garder le contrôle d'une entreprise peut aussi signifier déléguer certaines responsabilités aux autres et les bons patrons savent comment le faire avec succès.

Astuce #10- Prenez des temps d'arrêt pour réfléchir.

La responsabilité d'un employé d'apprendre de ses erreurs n'est pas aussi grande que la responsabilité du patron de le faire. Il est important pour tout patron de prendre le temps nécessaire pour s'arrêter, penser et réfléchir à ce qu'il a fait .Ce n'est que par la réflexion que vous pouvez vraiment apprendre de vos erreurs et éviter de les répéter à l'avenir.

Astuce #11- Attendez-vous au respect.

Les employeurs exigent le respect. Lorsque vous passez du statut d'employé à celui de patron, il est important d'avoir le respect de vos employés. Cela ne veut pas dire qu'il faut tyranniser ses employés mais avoir un comportement qui inspire du respect.

Astuce #12- Méritez le respect.

Si vous devez être prêt à attendre le respect de vos employés, il est également essentiel que vous le méritez. Cela se fait par l'honnêteté, l'équité, l'intégrité et le respect des autres.

Garder vos options ouvertes

Le lancement d'une nouvelle entreprise nécessite une planification détaillée. Cela signifie qu'il faut créer diverses options sur la façon dont vous allez gérer votre entreprise, puis choisir laquelle de ces options est la meilleure pour votre entreprise. Il est important de garder vos options ouvertes tout au long du processus de démarrage et même pendant les opérations quotidiennes de votre entreprise afin de créer une entreprise résiliente et rentable.

Astuce #13- Faites beaucoup de prévisions.

C'est toujours une bonne idée d'effectuer une série de prévisions pour votre activité. Passez en revue les différentes prévisions de type "business as usual", puis ajoutez d'autres scénarios. Cela vous permettra de mieux prévoir l'avenir de votre entreprise et de créer différentes options pour faire face à ces situations. Ceci est particulièrement vrai pour le démarrage d'une entreprise.

Astuce #14- Rassemblez des informations réelles sur le marché.

Très peu d'entreprises finissent par suivre leur plan stratégique. Les plans changent tout le temps. La meilleure façon de créer un plan d'affaires valable et fonctionnel est de s'assurer que vous le créez en utilisant des informations réelles sur le marché.

Astuce #15- Comprendre votre marché.

Recueillir des informations réelles sur le marché pour le plan de votre entreprise signifie comprendre les tendances, les clients, les concurrents et les diverses conditions de marketing de votre activité. Ce type d'information ne peut être recueilli que par une recherche détaillée et approfondie.

Astuce #16- Prévoyez l'échec.

Les choses ne se passeront pas toujours bien dans votre entreprise. Garder vos options commerciales ouvertes signifie comprendre ce fait et prévoir à l' avance des plans pour faire face aux échecs.

Astuce #17- Occupez-vous de ce que vous pouvez contrôler et laissez le reste aller.

Pendant que vous établissez des plans pour faire face aux échecs en cours de route, assurez-vous que vous vous concentrez uniquement sur les choses que vous pouvez contrôler. Le fait d'être constamment obsédé par des choses que vous ne pourrez pas contrôler ou d'essayer de trouver comment contrôler les choses que vous ne pouvez tout simplement pas ne vous mènera nulle part.

Astuce #18- Fixez des objectifs réalisables.

La planification d'entreprise consiste à fixer des objectifs et à s'efforcer de les atteindre. Assurez-vous simplement que les objectifs que vous fixez pour votre nouvelle entreprise sont réalisables afin de ne pas vouer votre entreprise à l'échec.

Astuce #19- N'oubliez pas vos rêves mais définissez des objectifs.

Les rêves sont ce que vous voulez accomplir avec votre entreprise, mais les objectifs sont la façon dont vous allez réellement accomplir les choses. Prévoyez des objectifs spécifiques, qui constituent une petite partie de la réalisation de vos rêves.

Choisir un rôle professionnel qui corresponde à votre personnalité

Il est évident qu'en tant qu'entrepreneur, votre rôle principal sera celui de patron. Mais ce n'est pas la façon la plus pratique de planifier ce que vous ferez pour l'entreprise au quotidien. Il y a fort à parier que votre entreprise aura plus de succès si vous parvenez à vous créer un créneau au sein de l'entreprise qui correspond à votre personnalité spécifique.

Astuce #20- Déterminez vos qualités et faites-en votre rôle dans l'entreprise.

Si vous êtes plus confiant dans une fonction précise de l'entreprise, par exemple en vendant vos idées à d'autres personnes, alors c'est le meilleur rôle pour vous dans l'entreprise. Jouez toujours sur vos points forts. Évitez d'être chargé de vendre les idées de l'entreprise aux autres si vous êtes un horrible vendeur.

Astuce #21- Évitez de tout faire.

Très peu d'entrepreneurs qui réussissent font tout eux-mêmes. Être un grand créateur d'entreprise consiste en partie à partager la charge de la manière la plus efficace possible. C'est la raison pour laquelle vous engagerez des personnes compétentes et utiles.

Faire appel à des professionnels

Comme vous ne pourrez pas faire vous-même tout ce qui est nécessaire pour créer une entreprise prospère, vous devrez faire appel à d'autres personnes. La personne que vous choisirez pour vous aider à gérer votre entreprise déterminera en grande partie le succès de celle-ci. L'une des tâches les plus importantes à maîtriser pour tout entrepreneur est l'art d'engager les bons professionnels pour le travail. Vous ne pouvez tout simplement pas vous permettre de perdre du temps, de l'argent et des résultats en engageant les mauvaises personnes.

Astuce #22- Considérez vos employés comme des investissements.

Chacun de vos nouveaux employés est un investissement dans votre entreprise. En moyenne, le coût d'embauche d'un mauvais employé pour une entreprise se situe entre 25 000 et 50 000 Euro par an ou 1 à 5 millions de FCFA. Si l'on ajoute à cela la formation et la recherche de nouveaux employés, on comprend à quel point il est important de s'assurer que l'investissement dans les employés est rentable.

Astuce #23- Embauchez lentement mais licenciez rapidement.

Il est important de prendre son temps et de faire les bonnes recherches lorsqu'il s'agit d'engager un employé. Cela permet de s'assurer que vous embauchez la bonne personne pour le poste. Mais soyez prêt à vous séparer de cette personne aussi rapidement que possible si elle n'est pas efficace. N'oubliez pas que les employés sont des investissements et que vous voulez abandonner les mauvais investissements dès que possible.

Astuce #24- Recherchez la compétence.

Les employés de valeur sont des personnes compétentes. Ils ont les compétences, l'éducation et l'expérience pour faire le travail. Déterminez quelles sont les compétences dont vous avez besoin et n'engagez que des professionnels qui peuvent prouver qu'ils ont les compétences nécessaires pour les exercer.

Astuce #25- Vérifiez la compatibilité.

Un bon employé peut non seulement faire son travail correctement, mais il peut aussi s'intégrer à votre environnement de travail. Vous voudriez trouver des professionnels qui sont compatibles avec votre entreprise, ses objectifs et son éthique. Vous souhaitez également engager des personnes qui auront de bonnes relations avec vos autres employés et vos clients.

Astuce #26- Mesurer l'engagement.

Transformer une startup en une entreprise prospère demande beaucoup d'engagement, tant de votre part que de celle de vos employés. Le bon employé veut vraiment contribuer à la réussite de l'entreprise et s'engage à aller jusqu'au bout. Une façon d'évaluer le niveau d'engagement d'un employé potentiel est d'examiner ses antécédents professionnels.

Astuce #27- Choisissez des personnes "capables".

Lorsque vous recherchez un nouvel employé, vous voudrez savoir si la personne est effectivement capable d'accomplir ses tâches et si elle est susceptible d'aller au-delà de ses fonctions requises. Un employé compétent évoluera avec l'entreprise et assumera de nouvelles responsabilités au fur et à mesure qu'elles deviendront nécessaires.

Astuce #28- Choisissez des personnes qui correspondent à la culture de votre entreprise.

Chaque entreprise a sa propre culture. Il s'agit de la façon dont les gens communiquent entre eux, des différentes attentes qu'ils ont concernant le travail quotidien et des diverses politiques de l'entreprise. Les employés qui ne s'intègrent pas à cette culture peuvent souvent causer des problèmes et diminuer la rentabilité. Par conséquent, il est toujours bon d'embaucher des personnes qui s'intègrent bien à la culture de votre entreprise.

Astuce #29- Prévoyez une rémunération appropriée.

Il est extrêmement important pour un employé de se sentir apprécié et rémunéré de manière appropriée. S'il a l'impression de ne pas être payé à sa juste valeur, il ne sera probablement pas à la hauteur de son travail. Prévoyez de rémunérer les nouveaux employés en fonction de leur valeur et assurez-vous qu'ils sont réellement satisfaits de ce que vous êtes prêt à leur offrir.

Astuce #30- Parlez à d'anciens collègues de travail.

Chaque candidat vous fournira des références, mais il y a de fortes chances que ces références ne donnent que des réponses positives à vos questions. Il vous faudra peut-être creuser un peu plus pour découvrir les faits réels concernant un employé potentiel. Par conséquent, c'est toujours une bonne idée de parler avec les anciens collègues du candidat, y compris ses anciens patrons.

Chapitre 4 : La gestion des ressources humaines

Votre capacité à gérer d'autres personnes déterminera le succès ou l'échec de votre entreprise. Il s'agit notamment de trouver la bonne place pour vous-même dans les actions de l'entreprise et pour le recrutement des employés. En choisissant des employés compétents, compatibles, engagés et qui s'intègrent à la culture de votre entreprise, vous assurez le fait que les aspects quotidiens de votre entreprise soient pris en charge. En vous préparant à relever le défi de devenir patron, vous serez en mesure de mener l'entreprise au succès. Mais les leaders qui réussissent vraiment ne comptent pas uniquement sur leurs propres compétences et caractéristiques. Au contraire, ils s'entourent d'experts.

S'entourer d'experts

Les spécialistes sont des personnes qui en savent plus que vous sur un aspect spécifique d'une entreprise. Il est insensé d'essayer de gérer vous-même tous les aspects de l'entreprise, tout comme de prétendre que vous êtes la personne la plus qualifiée pour le faire. La meilleure chose que vous puissiez faire pour vous assurer que la grande majorité des décisions de gestion prises sont positives et correctes est de vous entourer de professionnels.

Astuce #31 Gagnez en temps.

Chaque décision prise par votre équipe de gestion entreprise demande du temps et des efforts. Vous devez soigneusement peser le pour et le contre et examiner comment une décision affecte votre société et sa performance.
Plus vous faites appel à des professionnels pour vous aider dans cette recherche, plus vous aurez de temps pour gérer les autres activités de votre entreprise.

Astuce #32- Choisissez des professionnels spécialisés dans un domaine précis.

Le but de l'embauche d'experts est d'utiliser les connaissances et les compétences d'autres personnes pour accomplir certaines tâches mieux que vous ne pourriez le faire vous-même. Il est donc logique de choisir des experts dans des créneaux très spécifiques. Par exemple, l'un de vos responsables pourrait être un expert en finances, tandis qu'un autre serait un génie du marketing. De cette façon, vous n'avez pas besoin d'être un maître dans l'un ou l'autre de ces domaines pour y exceller.

Astuce #33- Reconnaître ses propres faiblesses.
La meilleure façon d'engager les meilleurs experts est de comprendre où vous avez besoin de l'expertise d'autres personnes. Cela signifie que vous devez comprendre où vos connaissances sont les plus faibles.

Astuce #34- Choisissez des professionnels pour réaliser la vision globale de votre entreprise.

Si vous parvenez à trouver des professionnels spécialisés dans un domaine précis qui adhèrent tous à la même vision globale de l'entreprise, il y a de fortes chances que votre entreprise connaisse une croissance soutenue.

Être un leader positif

Il est difficile d'être un leader et cela exige de nombreux traits de caractère et compétences. Le plus important d'entre eux est une attitude mentale positive. Votre attitude mentale déterminera la façon dont vous vivrez tous les aspects de votre vie, y compris la façon dont vous dirigez votre entreprise. Elle aura également une influence considérable sur votre façon d'agir en tant que dirigeant et sur votre capacité à influencer vos employés. Même si le maintien d'une attitude positive au quotidien peut avérer délicat, c'est l'un des aspects les plus importants pour être un bon leader et cela aura de nombreux effets positifs sur votre entreprise.

Astuce #35- Souriez autant que possible.

L'une des façons les plus simples de maintenir une attitude mentale positive au quotidien est tout simplement de sourire beaucoup au bureau. Lorsque vous souriez, les autres sourient et vous affichez généralement une attitude heureuse et positive que les autres vont imiter.

Astuce #36- Trouvez toujours de bonnes choses à dire aux autres.

Les gens aiment les compliments et le simple fait de dire quelque chose de gentil à quelqu'un peut grandement contribuer à changer son attitude et ses performances. Plus vous vous efforcez de trouver des choses agréables à dire sur les gens, plus il vous sera facile d'en trouver.

Astuce #37- Une attitude positive augmente la productivité.

Les employés heureux sont des employés productifs. Plus vos employés sont heureux et bien dans leur peau, plus leur rendement augmente et plus votre entreprise sera productive.

Astuce #38- Vous n'avez pas besoin d'être utopiquement optimiste.

Maintenir une attitude positive jour après jour peut être très difficile, surtout lorsque le stress et les contraintes de la vie quotidienne s'en mêlent. Vos employés tournent les yeux vers vous dans les moments difficiles et agissent comme vous le faites. Si vous êtes positif et optimiste, ils le seront aussi. Cela dit, il n'est pas nécessaire d'être toujours optimiste de façon irréaliste, sinon vous risquez de faire semblant et ceci n'est pas bon. Même dans les moments les plus difficiles, un simple changement de perception ou la reconnaissance de quelque chose de positif peut faire toute la différence.

Astuce #39- Concentrez-vous uniquement sur les choses que vous pouvez influencer.

Encore une fois, cela n'a pas de sens d'essayer de changer des choses qui sont hors de votre contrôle. Concentrez-vous uniquement sur les choses que vous pouvez changer et travaillez sur la façon dont vous percevez les choses que vous ne pouvez pas changer.

Astuce #40- Rendez à César ce qui appartient à César.

L'une des meilleures choses que vous puissiez faire pour créer un environnement de travail positif est d'accorder à vos employés le crédit qui leur est dû. Personne ne peut tout faire tout seul, et si l'entreprise se porte bien, c'est grâce au travail acharné de tous ses employés. Le fait de valoriser leur travail quand il est mérité augmentera le moral des travailleurs et les encouragera à continuer à faire du bon travail.

Astuce #41- Dans la mesure du possible, reconnaissez les mérites devant les autres.

Lorsque vous félicitez un employé pour son travail, essayez de lui dire des choses positives devant les autres employés et même devant les clients. Cela accroît les éloges à l'égard de l'employé et donne l'image d'une attitude positive que les autres peuvent voir. Cela renvoie également l'image d'un leader positif.

Astuce #42- Permettez à vos employés de prendre leurs propres décisions.

Vous avez choisi de recruter vos employés en raison de leurs diverses compétences et caractéristiques. Il est maintenant temps de leur donner les moyens de faire leur travail en leur faisant confiance pour prendre leurs propres décisions. Soyez confiant qu'ils font de leur mieux pour aider l'entreprise à atteindre ses objectifs et laissez-les travailler de manière autonome

Astuce #43- Ne remettez pas en question les décisions de vos employés.

Même si une décision spécifique s'avère être une mauvaise décision, il n'est jamais bon de la remettre en question. Personne n'aime être remis en question et cela ruinera la confiance que vous avez établie avec vos employés. Au lieu de sécuriser constamment les décisions de vos employés, écoutez-les. Demandez-leur pourquoi ils ont pris telle ou telle décision en fonction des circonstances et profitez-en pour les former.

Astuce #44- Gérez les problèmes de manière directe et honnête.

La meilleure façon de traiter les problèmes avec vos employés est d'être à la fois direct et honnête. Vous n'avez pas besoin d'écraser le moral de quelqu'un, ni de le couvrir de compliments ou de l'amadouer. L'honnêteté directe vous vaudra bien plus de respect et vous aidera à traiter le problème de manière plus efficace. La manière de communication ici est très importante car c'est important de rester calme et serein.

Astuce #45- Ne jamais réprimander un employé devant les autres.

Parfois, en tant que patron, vous devez jouer le rôle du "méchant" et réprimander un employé. En plus d'être direct et honnête dans vos réprimandes, veillez à les faire en privé. Votre employé le respectera et cela contribuera à maintenir une attitude positive au bureau.

Astuce #46- Faites parfois des choses agréables pour vos employés.

Les actions sont définitivement plus éloquentes que les mots. De temps en temps, montrez à vos employés que vous les appréciez vraiment en faisant quelque chose de gentil pour eux. Le simple fait de faire un effort supplémentaire de temps en temps peut faire toute la différence.

Connaître l'origine d'un conflit

Chaque fois que vous créez un groupe de personnes et que vous les faites travailler ensemble, des conflits peuvent survenir. Le conflit n'est jamais une bonne chose dans un environnement de travail professionnel. Il peut avoir un impact négatif sur le moral et la productivité de votre équipe et donc sur vos résultats. L'une des meilleures choses que vous puissiez faire en tant que leader est de comprendre l'origine d'un tel conflit. Une fois que vous aurez compris sa source, vous pourrez vous en débarrasser.

Astuce #47- Le conflit n'est pas forcément une mauvaise chose.

Bien sûr, le conflit est mauvais pour les affaires, mais il ne doit pas nécessairement être la chose la plus mauvaise du monde. Une fois résolu, le différend peut remettre en question la façon dont les gens pensent et créer de nouvelles idées. Une fois qu'un conflit entre deux personnes est traité et surmonté, le niveau de confiance et de respect entre ces deux personnes est souvent accru.

Astuce #48- Un absence de conflit peut être synonyme de complaisance.

Une bonne dose de conflit sur le lieu de travail signifie que l'entreprise se développe et réfléchit. Une absence totale de conflit peut être synonyme de complaisance.

Astuce #49- Identifiez la cause sous-jacente du conflit.

La meilleure façon d'identifier la cause sous-jacente du conflit dans votre bureau est d'être direct et honnête avec vos employés. Posez-leur des questions. Soyez prêt à traiter le problème immédiatement.

Astuce #50 - Concentrez-vous sur les aspects positifs des conflits.

Vous savez que des aspects positifs tels qu'une confiance et un respect accrus peuvent résulter de conflits résolus, alors faites de votre mieux pour vous concentrer sur ces aspects positifs potentiels lorsque vous traitez avec vos employés et leurs conflits.

Astuce #51- Laissez les employés régler leurs propres problèmes sans votre intervention.

Il est de votre devoir d'intervenir lorsqu' un employé maltraite un autre employé ou ne fait pas son travail correctement, mais en tant que patron, vous ne devez pas nécessairement vous impliquer dans chaque conflit avec un employé. Dans de nombreux cas, la meilleure solution consiste à laisser les employés régler eux-mêmes leurs problèmes. Faites savoir à vos employés qu'un environnement de travail professionnel est nécessaire et que s'ils ne doivent pas être amis, ils doivent être professionnels.

Astuce #52- Apprenez à connaître vos employés afin de comprendre d'où viennent les conflits.

Il y a beaucoup de choses à savoir sur vos employés. Vous devriez prendre le temps et faire l'effort de vraiment apprendre à connaître vos employés, y compris leurs qualités et leurs faiblesses. Cela vous aidera à comprendre la source de la plupart des types de conflits qui surgissent autour d'eux et vous donnera les réponses pour résoudre le problème.

Savoir écouter

Développer vos capacités d'écoute est l'une des choses les plus importantes que vous puissiez faire pour devenir un bon leader et patron. Vos employés sont un élément précieux de votre organisation et ils méritent d'être écoutés. Non seulement le fait de prendre le temps de vraiment écouter vos employés améliorera leur moral et la façon dont ils vous perçoivent en tant que patron, mais cela vous aidera également à mieux comprendre ce qui se passe réellement dans votre entreprise. L'écoute peut également ouvrir de nouvelles portes et de nouvelles idées, ce qui augmentera la productivité. L'écoute est en fait un outil de communication efficace.

Astuce #53- Laissez les gens finir de parler avant de commencer à parler.

Cela peut être difficile à faire, mais c'est un moyen simple mais efficace d'améliorer votre capacité d'écoute et la maîtrise de cette aptitude fera de vous un grand leader dans tous les autres aspects de votre vie. Laissez simplement la personne terminer son propos avant d'intervenir. Essayez de ne pas penser à des objections à ses arguments pendant qu'elle parle et ne supposez pas que vous savez ce qu'elle va dire avant même qu'elle ne le dise.

Astuce #54- Prenez en compte les opinions de l'autre personne.

Vous n'êtes pas obligé d'être d'accord avec ses propos, mais vous devez au moins reconnaître que vous les avez compris. Répétez les principales préoccupations de votre interlocuteur dans vos propres mots après qu'il a fini de parler afin de montrer que vous l'avez vraiment entendu et compris.

Astuce #55- Parfois, le simple fait d'écouter est suffisant.

Dans certains cas, il se peut que vous n'ayez pas à prendre de mesures pour résoudre le problème d'une tierce personne. Parfois, le simple fait d'écouter leurs problèmes et de reconnaître que vous les comprenez peut être suffisant. Écouter un employé peut souvent l'aider à se sentir responsabilisé et important, ce qui peut finir par régler le problème tout seul.

Astuce #56- Faites savoir à vos employés que vous êtes disponible.

Être à l'écoute signifie également s'assurer que les gens savent que vous êtes accessible. Faites en sorte que vos employés sachent que vous prêt à les écouter lorsque cela est nécessaire et que vous êtes disponible pour le faire.

Astuce #57- Gardez à l'esprit que vos employés sont des humains.

Il est important de se rappeler que vos employés sont des personnes et qu'ils auront de mauvais jours et des problèmes qui leur sont propres, bien qu'il leur incombe de régler leurs problèmes personnels en dehors du travail. Néanmoins ce sont des personnes avec des émotions et non de simples rouages de votre entreprise - ils en sont le cœur et l'âme et méritent d'être traités comme tels.

Chapitre 5 : Restez motivé

Une attitude mentale positive et beaucoup de passion sont absolument nécessaires pour gérer une entreprise prospère à long terme. Votre passion et votre rêve seront votre motivation pendant ce processus. Cependant, les hauts et les bas quotidiens de la gestion d'une entreprise, ainsi que les faux pas occasionnels, diminuent souvent la motivation. Cela peut avoir de graves conséquences. Sans une motivation adéquate et durable, les chances de survie de votre entreprise seront réduites. La bonne nouvelle, c'est qu'il y a beaucoup de choses que vous pouvez faire pour maintenir votre propre motivation et pour aider à motiver votre personnel.

Pensées positives

Encore une fois, une grande partie de la gestion de votre propre business se résume à des pensées positives et nous continuerons à insister sur ce point car sans une attitude mentale positive, vous n'arriverez à rien dans la vie. Rester positif et changer votre façon de voir la vie peut vous aider à rester motivé dans les moments difficiles.

Astuce #58- Recherchez du soutien.

Être un entrepreneur peut être une tâche difficile. Il peut parfois être utile d'aller vers les autres, surtout s'ils sont également entrepreneurs. Rechercher le soutien d'autres personnes confrontées à des défis similaires peut vous aider à conserver votre motivation et à trouver des moyens plus innovants de résoudre vos problèmes. Le soutien des autres peut également vous aider à vous détendre un peu et à vous rappeler les raisons pour lesquelles vous vous êtes lancés dans l'entrepreneuriat. Il est donc de la plus haute importance de rejoindre des groupes entrepreneurs ou des personnes qui partagent les mêmes valeurs et les mêmes objectifs que vous, afin de vous soutenir mutuellement et de trouver la motivation nécessaire pour continuer. C'est ce qu'on appelle, selon Napoleon Hill (pensez et devenez riche), un *"Mastermind Group"*.

Astuce #59- Croyez en vous et en votre capacité à réaliser vos rêves

Quelle que soit la façon dont vous vous y prenez, il est important de raviver régulièrement votre confiance en vous. Certaines personnes y parviennent en créant un mur de motivation, tandis que d'autres rencontrent régulièrement un mentor ou un coach de vie. Le simple fait de prendre quelques minutes chaque jour pour vous dire que vous avez ce qu'il faut pour réussir peut vous motiver à continuer.

Astuce #60- Prendre du recul par rapport au travail pendant un moment.

Tout esprit a besoin de repos. S'éloigner de votre business et de votre esprit d'entreprise de temps en temps est important pour permettre à votre esprit et cerveau de se reposer et de récupérer. C'est le moment idéal pour s'adonner à un passe-temps et faire de l'exercice. L'exercice est essentiel à la santé de l'esprit et, en prenant le temps de vous détendre et de vous rafraîchir, vous vous rendrez compte que vous pourrez reprendre le travail avec plus de motivation.

Apprendre à gérer son temps

Une bonne gestion de votre temps vous aidera non seulement à être plus productif, mais aussi à rester motivé. Tout entrepreneur qui réussit possède de bonnes compétences en matière de gestion du temps.

Astuce #61- Oubliez le "temps d'horloge".

La gestion traditionnelle du temps est conçue pour vous aider à gérer votre "temps d'horloge", c'est-à-dire les minutes effectives sur l'horloge. Mais ce n'est pas vraiment la façon dont vous passez votre journée. Vous pourriez envisager d'oublier le "temps d'horloge" et de vous concentrer sur le temps réel. Le temps réel correspond à la part de votre journée que vous consacrez à chaque activité, au travail comme à la maison. Le temps réel est relatif. Vous devez avoir un plan de gestion du temps dans lequel vous allouez un nombre d'heures pour une activité donnée.

Astuce #62- Déterminez le temps que vous souhaitez consacrer à des activités particulières.

Puisque le temps réel est important, vous avez le pouvoir de choisir la part de votre temps que vous consacrez à des activités spécifiques. En tant que chef d'entreprise, vous ne pouvez peut-être pas empêcher les perturbations et les problèmes, mais vous pouvez choisir le temps que vous voulez passer à les gérer. Décidez du temps que vous souhaitez consacrer à la réflexion, à la conversation et à l'action, puis adaptez votre temps disponible en conséquence.

Travailler au moment où vous êtes le plus productif

Pour apprendre à mieux gérer son temps, il faut notamment apprendre à organiser ses efforts de manière à travailler au moment où l'on est le plus productif. Ce processus permet d'éliminer les pertes de temps, c'est-à-dire les moments où vous travaillez sans être particulièrement productif. Certaines personnes sont plus productives tard dans la nuit, tandis que d'autres sont plus productives pendant la journée.

Astuce #63- Notez vos activités pendant une semaine.

Pour apprendre à travailler au moment où vous êtes le plus productif, vous pouvez commencer par porter un agenda sur vous et noter toutes vos pensées, conversations et actions pendant une semaine. Vous aurez ainsi une idée précise du temps que vous consacrez à chaque activité, ce qui vous permettra de déterminer quelles activités sont productives et lesquelles le sont moins.

Astuce #64- Créez un planning pour les activités les plus productives.

Une fois que vous avez compris quelles activités sont fructueuses et quelles sont celles qui vous font perdre du temps, vous pouvez vous assurer que vous ne planifiez votre temps qu'v en fonction des activités fructueuses. Créez des blocs de temps pour les activités prioritaires et assurez-vous de déterminer le temps qu'il convient de consacrer à chaque activité.

Astuce #65- Ayez de la discipline.

Une fois que vous avez découvert où et quand vous passez votre temps, dans des activités productives et improductives, ayez suffisamment de discipline pour planifier votre temps de manière appropriée.

Astuce #66- Planifiez votre journée.

Prenez environ 30 minutes au début de chaque journée pour établir un plan détaillé de ce que vous comptez faire et accomplir. Veillez à consacrer au moins 50 % de votre temps quotidien à vos activités les plus productives. Prévoyez également des interruptions, ou des moments où vous serez arraché à votre travail. Décidez de ce que vous voulez accomplir avant chaque réunion ou appel téléphonique pour que chacun soit plus productif.

Astuce #67- N'ayez pas peur de demander aux gens de ne pas vous déranger.

Il doit y avoir un moment de votre journée où vous devez vraiment travaillé et un panonceau "ne pas déranger" peut vous aider à faire en sorte que vous puissiez travailler sans interruption.

Astuce #68- Faites attention aux distractions.

Votre téléphone portable, les services de médias sociaux et les services de courrier électronique sont tous d'excellents moyens de rester en contact avec les employés et les clients, mais ils sont aussi extrêmement distrayants. Prévoyez du temps pour répondre à vos courriels, textes et appels, mais évitez de répondre à un texte ou à un appel simplement parce qu'il vous parvient. Communiquer en permanence vous fait perdre un temps précieux. Comprenez quand un texte ou un appel est essentiel pour les affaires et quand il ne l'est pas.

Astuce #69- Rappelez-vous que vous ne pourrez pas tout terminer.

Il est tout simplement impossible de faire tout ce que vous voulez. Vous ne parviendrez jamais à tout faire et vous vous rendrez malade si vous essayez de le faire. Rappelez-vous également qu'environ 80 % des résultats que vous obtenez sont obtenus avec environ 20 % de votre temps. En apprenant à travailler au moment où vous êtes le plus productif et en tirant le meilleur parti de votre temps productif, vous serez en mesure d'accomplir ce qui doit vraiment être fait.

Astuces pour rester motivé

Il y a d'autres choses que vous pouvez faire pour rester motivé et continuer à travailler quotidiennement pour réussir.

Astuce #70- Changez votre mode de vie.

Les routines deviennent souvent des rappels déprimants de la routine quotidienne. En modifiant votre routine, ne serait-ce qu'un tout petit peu, vous pouvez créer un nouveau sentiment de fraîcheur. Vous pouvez par exemple organiser une réunion en plein air ou dans un café. Tout ce qui représente quelque chose de différent de votre vie quotidienne peut avoir un effet très rafraîchissant sur vous et vos employés.

Astuce #71- Faites des mouvements.

Cela peut sembler simple, et c'est parce que ça l'est. Mais marcher ou bouger souvent peut vous aider à interrompre la journée et à rester motivé. Il est également meilleur pour votre santé physique et mentale de bouger toutes les 30 minutes environ.

Astuce #72- Offrez des incitations à la productivité.

Proposer des récompenses pour vous-même et vos employés en échange de l'atteinte de certains objectifs contribue à plus de motivation. Les récompenses sont des moyens amusants de garder tout le monde concentré sur l'entreprise et ses objectifs. Ces récompenses ne doivent pas nécessairement être liées à de l'argent. Il peut s'agir de choses relaxantes comme des déjeuners, des massages, des prix, des promotions et même des voyages. Même la plus petite gratification peut avoir un effet important.

Astuce #73- En savoir plus sur votre marché.

En élargissant constamment vos connaissances sur le marché de votre secteur d'activité, vous aurez de nouvelles idées et de nouveaux concepts. Cela vous motivera à développer votre entreprise et à suivre les tendances modernes du secteur. Cela vous aidera à faire évoluer votre entreprise dans la bonne direction et vous permettra de mieux comprendre ce que veulent vos clients.

Astuce #74- Il y a toujours un lendemain.

En tant qu'entrepreneur, il y aura des jours où vous n'arriverez pas à tout faire correctement. Il est important de se rappeler qu'il y a toujours un lendemain. Pensez à demain comme à un moment où vous pourrez faire les choses correctement et réussir. Ainsi, si la journée ne se passe pas bien, il y a toujours une chance que demain soit extraordinaire.

Astuce #75- Relaxez vous.

En ajoutant de la relaxation à votre vie quotidienne, vous rendrez vos tâches quotidiennes plus agréables et plus faciles à gérer. Prenez le temps de sortir avec des amis, de pratiquer vos passions, de voyager vers des destinations dont vous avez toujours rêvé...

Astuces #76- Traitez le processus de motivation comme une tâche quotidienne.

Chaque société a des tâches quotidiennes et hebdomadaires qui doivent être accomplies pour que l'entreprise puisse rester opérationnelle. Cela inclut le vôtre processus de motivation intrinsèque et de motivation de vos employés, alors ne le négligez pas. Trouver des moyens de rester motivé est essentiel pour que votre entreprise reste opérationnelle. Faites donc de ce processus une partie intégrale de vos tâches quotidiennes.

Chapitre 6 : Faire croître votre entreprise

Si votre activité ne croît pas, elle est en train de couler. Si vous n'avancez pas, vous reculez. Une fois que vous avez les bonnes personnes en place et que vous avez développé une bonne base de clients, votre entreprise doit se concentrer sur une croissance continue. Il existe de nombreuses façons de promouvoir la croissance d'une entreprise et les spécificités dépendent du genre d'activité menée. Par exemple, la croissance d'un commerce de détail peut se traduire par l'ouverture d'un nouveau magasin ou le développement d'une nouvelle gamme de produits. Pour une société informatique, la croissance peut se traduire par l'achat ou le développement d'un nouveau système. Quelle que soit l'activité de votre entreprise, vous devez trouver des moyens de la développer. Cela ne se limite pas à trouver des moyens de gagner plus d'argent.

Créer des relations d'affaires solides

La création de relations professionnelles solides est le fondement de la croissance de votre société. Les clients, les acheteurs, les fournisseurs et les associés sont le moteur de la croissance de votre entreprise. Vous ne pouvez tout simplement pas avancer sur la voie du succès sans ces aides, ce qui signifie que vous devez développer des relations durables et significatives avec eux. Ces relations sont fondées sur la confiance et l'honnêteté. L'honnêteté est très importante si vous voulez atteindre vos ambitions entrepreneuriales.

Astuce #77- Communiquez.

La communication avec vos contacts professionnels est extrêmement importante, surtout les échanges avec vos clients et vos fournisseurs. Ces personnes comptent sur vous pour les informer de ce qui se passe, ce qui implique de les tenir informé des problèmes que vous rencontrez. La communication doit être une priorité absolue dans vos relations professionnelles.

Astuce #78- Respectez les délais.

Lorsqu' un client entre en affaires avec votre société, il attend de vous que vous teniez vos engagements, vos promesses et que vous implémentez à bien vos offres. Cela signifie certainement que vous devez respecter vos délais. Lorsque vous promettez quelque chose à un client ou à un fournisseur, vous voulez qu'il considère votre parole comme votre promesse. Le fait de ne pas avoir à s'inquiéter de savoir si votre entreprise va remplir ses obligations renforce la confiance des clients.

Astuce #79- Essayez d'éviter les surprises.

Les clients et les consommateurs n'aiment généralement pas les surprises, surtout si le service fourni par votre entreprise a un lien direct avec leur gagne-pain. Bien qu'il ne vous soit peut-être pas possible d'empêcher les choses indésirables de se produire, le fait d'être honnête avec vos clients et de maintenir la communication avec eux sur ce qui se passe peut vous aider à éviter des surprises désagréables.

Être honnête

On ne saurait trop insister sur l'importance de d'être une société honnête. Votre entreprise se développera plus rapidement et aura une plus grande portée si elle est basée sur l'honnêteté et si elle a des principes et une éthique basés sur l'honnêteté. Il est important de rechercher l'honnêteté à tout moment et à tous les niveaux de votre organisation.

Astuce #80- L'honnêteté incitera vos clients à revenir.

Aucune relation commerciale ne peut durer si elle n'est pas basée sur l'honnêteté. En étant honnête avec vos clients, vous gagnez leur confiance de manière durable. L'honnêteté suscite la confiance, ce qui peut créer une réputation commerciale qui vous aidera à vous développer et à obtenir davantage de clients.

Vous devez être honnête avec tous ceux qui ont un rapport avec votre entreprise, et pas seulement avec vos clients. Vous devez être honnête avec vos employés, vos fournisseurs, vos investisseurs et tous les autres. Cela signifie qu'il ne faut pas inventer des mensonges pour se couvrir aussi il faudrait reconnaître ses propres erreurs et informer de l'état réel de l'entreprise à ses employés et investisseurs. Encore une fois, l'honnêteté conduit à la loyauté de vos partenaires et clients.

Astuce #81- Soyez honnête envers vous-même.

N'oubliez pas d'être également honnête envers vous-même. Cela peut être la forme d'honnêteté la plus brutale et l'une des choses les plus difficiles que vous ayez à faire. Il est extrêmement important d'être honnête avec vous-même, sur vos attentes par rapport à votre entreprise et sur les objectifs que vous cherchez à atteindre. Si vous vous voilez la face, même de manière infime, vous risquez de compromettre votre entreprise, son éthique et ses principes, ce qui peut s'avérer catastrophique.

Astuce #82- Soyez réaliste au sujet de la croissance.

N'essayez pas également de faire croître votre société trop rapidement. Les entrepreneurs pensent souvent qu'une entreprise doit se développer aussi vite que possible, mais ce concept peut bien des fois conduire à des problèmes. La croissance soutenue d'une entreprise passe par une stratégie claire et détaillée. Il faut également disposer des systèmes et processus appropriés pour faire face à cette nouvelle croissance. Faites un pas après l'autre. Priorisez les objectifs et concentrez-vous sur les objectifs avec les priorités les plus hautes. Faites attention aux ressources nécessaires pour soutenir cette croissance, car les ressources devraient suivre le rythme de la croissance et si ce n'est pas le cas, l'entreprise peut subir du chaos.

Chapitre 7 : Les compétences en communication

Comme vous le savez déjà, la communication est essentielle à la fois pour la croissance de votre entreprise et pour la capacité de votre entreprise à maintenir sa croissance. La communication est également importante pour développer la confiance avec vos associés et avec vos employés. De bonnes compétences en communication vous aideront à motiver vos employés, à conduire des reformes, à résoudre les conflits et à devenir un meilleur leader. La capacité d'écoute est extrêmement importante pour accomplir ces tâches, mais il existe d'autres compétences en communication que tous les entrepreneurs doivent posséder. Vous pouvez apprendre ces compétences vous-même ou, mieux encore, vous faire former par des professionnels. Chez [BISO Consulting](), nous pouvons vous aider à développer vos compétences en communication.

De meilleures méthodes de communication

Même si vous êtes probablement très doué pour communiquer avec les autres, il existe de meilleures façons de communiquer lorsqu'il s'agit de gérer une entreprise. Il s'agit de compétences évolutives, cela veut dire que vous pourrez acquérir et améliorer celles-ci au fil du temps en fonction de vos expériences. En vous informant à l'avance sur certaines de ces compétences, vous pourrez les intégrer plus rapidement à votre vie professionnelle.

Astuce #83- De bonnes compétences en communication vous permettent d'influencer les autres.

La capacité à influencer les autres est vitale pour tout entrepreneur. Vous devrez convaincre vos employés des principes et des objectifs de votre entreprise si vous voulez qu'ils y adhèrent. Vous devrez convaincre les investisseurs et les partenaires commerciaux de tenter leur chance et de soutenir vos idées commerciales. Vous devrez influencer vos clients par le biais du marketing digital et de la publicité. Pour faire passer votre message et atteindre votre objectif d'influencer les autres, vous devez être capable de bien communiquer vos idées lors de discussions et d'expliquer clairement vos pensées.

Astuce #84- Apprenez à bien répondre aux questions.

En tant que patron et leader, vous devrez répondre mainte fois à des questions. Certaines de ces questions seront simples alors que d'autres détermineront le succès de votre entreprise. Il vous incombe de répondre à ces questions en présentant des arguments convaincants en utilisant l'art de bien parler. Vos mots ne doivent pas seulement répondre à une question posée, ils doivent aussi transmettre en même temps votre vision, vos désirs et vos principes. Si vous prenez le temps d'apprendre cet art, et c'est un art, de bien gérer les questions maintenant, cela aura un impact positif et durable sur votre vie professionnelle et entrepreneuriale.

Astuce #85- Retenir l'attention de votre audience.

Toutes les compétences oratoires du monde ne vous aideront pas à faire passer votre message si vous ne pouvez pas retenir l'attention de votre public. Il est vital d'apprendre à capter l'attention de vos auditeurs, surtout dans le milieu professionnel. Pour maîtriser cette compétence, vous devez apprendre à lire votre public, à projeter votre voix de manière agréable et à attirer l'attention, et à gérer votre temps de parole. Si vous ne parvenez pas à attirer l'attention des gens sur vous, il sera difficile de les amener à vous suivre vers le succès.

Comment créer le dialogue

En plus d'utiliser vos compétences en communication pour motiver et convaincre les autres, vous pouvez également les utiliser pour gagner de nouvelles idées, inspirations concepts et les utiliser à votre avantage. La meilleure façon d'y parvenir est de créer un dialogue. Ce dialogue peut avoir lieu entre vos managers, vos employés, vos pairs, vos clients et même vos concurrents. Apprendre à entamer un dialogue est une autre grande compétence de communication que tous les entrepreneurs devraient posséder.

Astuce #86- Tenez des échanges en face à face.

Réunir vos employés pour des interactions en face à face est un excellent moyen d'engager le dialogue et de faire jaillir la créativité. Les interactions en face à face promeuvent le brainstorming et le partage d'idées. Les conservations téléphoniques et par courriels sont moins efficaces.

Astuce #87- Donnez à vos employés des moyens de communiquer.

Si vous voulez encourager le dialogue entre vos employés, il est essentiel de leur fournir une plateforme, des outils ou des stratégies pour le faire. Vous devez donner à vos employés un moyen d'offrir leurs suggestions et leurs idées.

Astuce #88- Assurez-vous que vous et votre équipe de direction êtes accessibles.

Tous les moyens de communication que vous mettez à la disposition de vos employés seront inutiles s'ils ont l'impression qu'ils ne peuvent pas vous approcher, vous ou le reste de votre équipe de direction. Utilisez vos compétences en communication, vos actions et votre attitude positive pour montrer à vos employés qu'ils peuvent venir vous voir avec leurs idées et leurs commentaires. Vos employés viendront à vous si vous les laissez faire.

Astuce #89- Prenez en compte les suggestions et réagissez-y.

Si vos employés voient que vous êtes prêt à mettre en œuvre leurs idées et leurs suggestions, ils seront plus enclins à les partager avec vous. De plus, encourager le dialogue entre vos employés vous aidera à développer des concepts et des idées que vous n'aviez peut-être jamais envisagées auparavant. Ces idées novatrices ne vous seraient peut-être jamais venues si vous n'aviez pas encouragé le dialogue avec vos employés.

Chapitre 8 : Marketing et Vente

En tant qu'entrepreneur, vous devrez maîtriser de nombreuses compétences, notamment en matière de gestion, de communication et de prise de décision. L'un des aspects les plus importants que tous les propriétaires d'entreprise doivent comprendre est le marketing et la vente. Il s'agit de la façon dont vous vendez votre entreprise aux clients et, par conséquent, de la façon dont vous créez des revenus pour votre entreprise. Il y a beaucoup à apprendre et à comprendre sur le marketing et de nombreux pièges qui mènent à des erreurs. Tous les entrepreneurs qui réussissent ont maîtrisé l'art du marketing d'un point de vue personnel et également du point de vue de leur entreprise.

Création d'un plan de marketing

Les entreprises qui réussissent à se commercialiser commencent le processus par la création d'un plan de marketing détaillé. La taille et la portée du plan de marketing de votre entreprise seront déterminées par plusieurs facteurs, notamment la taille de votre entreprise et le nombre de clients potentiels que vous tenterez d'atteindre. Il est bon de créer votre plan marketing et de vous y référer tous les mois pour vous assurer que vous êtes toujours sur la bonne voie. Beaucoup de choses peuvent changer pour une entreprise au fil de l'année.

Astuce #90- Le plan marketing de votre entreprise devrait couvrir la durée d'un an.

La période idéale pour planifier la stratégie marketing, surtout si vous dirigez une petite entreprise ou une entreprise en démarrage, est d'un an. Il y a beaucoup de choses à couvrir en un an. Votre entreprise va gagner et perdre des employés, le marché va évoluer et votre clientèle va (espérons-le) s'élargir. Cela représente beaucoup de temps et de facteurs à prendre en compte. Une fois que votre entreprise s'est développée et grandit, vous pouvez passer à un plan de marketing qui couvre une période de deux à trois ans à l'avance.

Le processus de création de votre plan de marketing sera la partie la plus difficile. En fait, la mise en œuvre du plan sera plus facile que sa création. Attendez-vous à ce que le processus d'élaboration d'un plan de marketing prenne plusieurs mois. Le plan doit être créé à l'aide des experts que vous avez engagés, y compris des personnes de vos départements des finances, de l'approvisionnement, de la gestion et du personnel. N'oubliez pas d'engager un ou plusieurs experts en marketing pour vous aider. Assurez-vous d'inclure l'apport de tous vos experts afin de vous assurer que vous ne manquez rien.

Votre marketing plan aura plusieurs avantages pour votre entreprise, notamment:

Donner à vos employés un sujet de ralliement - le plan marketing montre à vos employés ce que l'entreprise va accomplir et comment elle va le faire. Cela peut donner à chaque employé un sentiment d'appartenance à une équipe et un but derrière lequel se rallier.

Fournir un ensemble d'instructions à suivre - un plan marketing est tout comme un ensemble d'instructions. Il prévoit un plan étape par étape de la façon dont l'entreprise prévoit de réussir, ce qui donne à vos employés quelque chose à suivre.

Permettre aux nouveaux employés de s'intégrer rapidement - à mesure que votre entreprise se croît et évolue, elle embauche de nouveaux employés. Le plan marketing de l'entreprise définit clairement les objectifs et les réalisations de l'entreprise, ce qui aidera les nouveaux employés à s'intégrer et à être prêts à contribuer beaucoup plus rapidement.

Types de campagnes de marketing

Il existe de nombreux types de campagnes de marketing et la façon que vous choisissez de commercialiser votre entreprise dépend fortement de vos facteurs individuels. Il existe cependant plusieurs grands types de campagnes de marketing à prendre en compte, et vous pouvez choisir de mettre en œuvre plusieurs de ces types de campagnes simultanément. Voici quelques-uns des différents types de marketing :

La presse écrite- elle comprend des techniques publicitaires telles que les magazines, les journaux et les prospectus. Elles vous permettent de diffuser votre marque ou vos informations publicitaires à des lecteurs spécifiques et ces efforts marketing doivent généralement être créés des mois à l'avance.

Télévision et radio - les publicités télévisées et radiophoniques peuvent être utilisées pour atteindre un nombre extraordinairement élevé de clients potentiels à un moment donné. Ce sont des formes de marketing efficaces mais coûteuses.

Le publipostage - ces campagnes se concentrent sur les brochures, les cartes postales et les prospectus qui sont envoyés aux clients par courrier. Cette technique est plutôt dépassée, mais elle a encore une certaine utilité.

Le Marketing Digital - Le marketing digital est probablement le type de marketing le plus rentable et le plus utile dans le monde d'aujourd'hui. Ces techniques peuvent englober les sites web, le marketing par courrier électronique, le référencement ou le marketing organique des moteurs de recherche et les médias sociaux.
Si vous souhaitez que votre start-up connaisse une croissance exponentielle, envisager le marketing digital est une sage décision. Il s'agit de la forme de marketing la plus efficace et la plus rentable dont disposent les entrepreneurs de nos jours. Si vous n'avez pas les connaissances nécessaires dans ce domaine, vous pouvez faire appel à

une société de consulting ou une agence de marketing digital pour vous aider à le mettre en place.

Votre équipe de marketing devra examiner attentivement un certain nombre de facteurs lorsqu'elle élaborera le plan de marketing de votre entreprise, notamment votre produit ou service, les personnes que vous essayez d'atteindre, le message que vous essayez de faire passer et le montant que vous êtes prêt à dépenser pour le marketing.

Astuce #91- Faites une étude de marché.

L'étude de votre marché sera le pilier de la création de votre plan marketing et de son amélioration. L'absence d'une bonne étude de marché vous fera perdre des clients potentiels et des ventes. Il existe de nombreuses façons d'effectuer une étude de marché, y compris, mais sans s'y limiter, les enquêtes, les groupes de discussion et les recherches sur Internet.

Astuce #92- Déterminez votre clientèle cible à l'avance.

Afin de mettre au point une méthode efficace de commercialisation auprès du public cible de votre entreprise, vous devez d'abord savoir qui est ce public. Cela vous aidera à trouver les meilleurs moyens de l'atteindre. Apprenez-en le plus possible sur vos clients cibles afin de pouvoir déterminer comment les atteindre directement à l'avenir.

Astuce #93- Définissez clairement vos ressources.

Vous ne pouvez pas créer un plan de marketing détaillé pour votre entreprise si vous ne savez pas d'abord avec quelles ressources votre entreprise doit travailler. C'est donc une bonne idée de définir clairement les ressources dont dispose votre entreprise. Ces ressources peuvent inclure le montant que vous pouvez consacrer au marketing, le nombre d'employés que vous pouvez employer et les tactiques qui sont à votre disposition.

Astuce #94- Assurez-vous que votre plan de marketing est flexible.

La flexibilité est une caractéristique importante pour toute entreprise, car le monde des affaires d'aujourd'hui est en constante évolution. Cela est particulièrement vrai pour votre plan marketing. Les marchés et les clients changent constamment et il est vital pour votre entreprise d'être capable d'évoluer avec eux. Assurez-vous que votre plan de marketing tienne compte de ces changements et soit toujours prêt à évoluer avec le temps.

Clients existants et nouveaux clients

L'une de vos tâches les plus importantes en tant que nouveau chef d'entreprise sera de trouver de nouveaux clients grâce à votre plan de marketing pour aider votre entreprise à se développer. Une fois que votre entreprise sera pleinement développée, vous poursuivrez cette recherche. Les entreprises en expansion consacrent une grande partie de leur temps et de leurs ressources à la recherche de nouveaux clients et, de ce fait, elles négligent souvent un facteur très important. Ce facteur est la rétention des clients existants.

Vos clients actuels sont une partie extrêmement précieuse de votre entreprise. Ils vous ont aidé à atteindre le succès jusqu'à présent et sont dignes de votre fidélité. Le fait est qu'il coûtera moins cher à votre entreprise de conserver ses clients fidèles que de partir à la recherche de nouveaux clients. Cela ne veut pas dire que vous ne devez pas dépenser de ressources pour générer une nouvelle clientèle, mais cela signifie qu'une partie importante de votre plan marketing doit être basée sur la fidélisation des clients que vous avez déjà. Une entreprise moyenne enregistre une croissance annuelle de 3 % si elle parvient à conserver tous ses clients existants un mois de plus par an. Il existe de nombreuses façons de travailler à la fidélisation de vos clients existants.

Astuce #95- Le service clientèle doit faire partie de votre stratégie marketing.

L'une des meilleures façons de fidéliser vos clients actuels est de vous assurer qu'ils se sentent appréciés et satisfaits de votre entreprise. Le service à la clientèle et les avantages devraient faire partie de votre plan de marketing, notamment parce qu'ils coûtent moins cher que le marketing auprès de nouveaux clients.

Astuce #96- Ne partez jamais du principe que vos clients vont demeurer.

Il est vrai que la plupart des gens aiment confier leurs affaires à des entreprises qu'ils apprécient et auxquelles ils font confiance. Si vous offrez une bonne expérience à vos clients, il y a de fortes chances qu'ils reviennent la fois suivante. C'est une bonne chose à savoir, mais ne partez jamais du principe que vos clients reviendront automatiquement vers vous. Il existe de nombreuses raisons pour lesquelles un client peut choisir de faire affaire avec quelqu'un d'autre. Peut-être que l'autre entreprise propose des prix plus bas, ouvre un magasin plus proche ou offre de meilleurs services. N'oubliez pas qu'en moyenne, les clients réguliers dépensent environ 33 % de plus dans votre entreprise qu'un nouveau client.

Astuce #97- Soyez sincère avec vos clients.

La relation que vous entretenez avec vos clients existants déterminera dans une large mesure s'ils resteront vos clients. Les gens sont très bons à dire quand une entreprise manque de sincérité. Considérez la rétention à long terme de vos clients existants comme un objectif valable et soyez très sincère dans vos efforts. Cela signifie que vous devez entretenir vos relations actuelles et faire de votre mieux pour que chaque transaction et interaction soit aussi positive que possible.

Stratégies de marketing digital

Les stratégies de [marketing en digital](#) représentent l'une des formes de marketing les plus rentables, en particulier pour les entreprises relativement petites. Il existe de nombreuses formes de marketing digital, notamment le marketing par courrier électronique, les techniques d'optimisation des moteurs de recherche, le marketing des médias sociaux, la génération de leads, la stratégie de marque en ligne et la publicité en ligne pure et simple. Si les formes traditionnelles de publicité commerciale, telles que les annonces dans les journaux et à la télévision, restent des moyens efficaces d'atteindre des clients potentiels, la grande majorité des gens trouve les entreprises qu'ils souhaitent utiliser sur Internet. C'est pourquoi les stratégies de marketing en ligne valent leur pesant d'or.

Les stratégies de marketing en ligne ont changé récemment. Cela s'explique par le fait qu'Internet est un média en constante évolution. Si vous voulez mener une campagne de marketing en ligne réussie, vous devez être conscient de ces changements et en tenir compte. Souvenez-vous du concept consistant à vous entourer [d'experts](#). Cette forme de marketing est peut-être l'un des meilleurs exemples de la manière dont l'utilisation des compétences d'un expert peut contribuer au succès de votre entreprise. Envisagez d'engager un expert dans le monde du marketing en ligne.

Astuce #98- Toujours pratiqué les techniques de marketing white hat.

Il existe deux types de techniques de marketing en ligne : les techniques "white hat" et les tactiques "black hat". Les techniques de marketing white hat sont considérées comme des tactiques honnêtes qui reposent sur un travail acharné. Les tactiques "black hat" sont des moyens de tromper le système. Ces tactiques utilisent des systèmes qui volent des informations sur les clients, qui bombardent les clients potentiels de messages ennuyeux, qui utilisent des roues de liens sans fin et qui remplissent le contenu de leur site Web de mots-clés dans le but de générer de faux résultats dans les moteurs de recherche.

Les principaux moteurs de recherche comme Google ont des moyens de repérer les personnes qui utilisent des tactiques "black hat" et les puniront sévèrement. Compte tenu du nombre de personnes qui utilisent Google pour localiser des entreprises, vous devriez tenir compte de cet avertissement. De plus, de nombreuses tactiques "black hat" aliènent et ennuient vos clients. Il est donc préférable de toujours s'en tenir au marketing "white hat".

Astuce #99- Prêtez attention au référencement.

Le classement des pages sur Google est très important pour que votre entreprise soit connue des clients. En effet, les clients cliqueront sur les informations qu'ils trouveront sur la première page du résultat de la recherche. Vous devez donc vous assurer que votre site Web figure sur la première page du moteur de recherche.

Le désir d'obtenir un classement élevé dans les SERP a conduit à la création du SEO, ou optimisation des moteurs de recherche. Il existe un monde entier de marketing SEO et il vaut la peine de s'assurer que vous optimisez votre site Web pour obtenir un classement élevé. Le référencement peut inclure des éléments tels que la génération de mots-clés, les campagnes Google Ad Word, content marketing, l'utilisation des médias sociaux, la création de liens positifs et les connexions avec des sites Web de haute autorité. C'est un autre domaine dans lequel un expert en marketing en ligne peut faire toute la différence.

Astuce #100- Utilisez les médias sociaux.

Les médias sociaux sont très importants dans le monde en ligne d'aujourd'hui. Vos clients utilisent les médias sociaux, vous devriez donc en faire autant. Les médias sociaux sont un moyen peu coûteux de commercialiser votre entreprise, mais ils sont aussi extrêmement utiles. Par exemple, vous pouvez utiliser diverses plateformes de médias sociaux pour faire de votre entreprise une autorité dans un créneau spécifique, entrer directement en contact avec les clients, créer une image de marque pour votre entreprise, résoudre les problèmes des clients, annoncer les nouvelles et les mises à jour concernant votre entreprise et améliorer le service à la clientèle. Tout cela peut être accompli de manière extrêmement économique, ce qui rend le marketing des médias sociaux très important.

Astuce #101- Faites usage du marketing de contenu.

Le content marketing est une autre forme utile de marketing en ligne qui est à la fois efficace et peu coûteuse. De nombreuses entreprises négligent cette forme de marketing, ce qui peut être une grave erreur. Le marketing de contenu peut inclure des éléments tels que des podcasts, des ebooks, des articles, des vidéos, des jeux et des blogs. Ils peuvent être utilisés pour inspirer la confiance et la connaissance de votre entreprise. En fait, 60 % des consommateurs déclarent avoir une meilleure opinion des entreprises après avoir lu une publication personnalisée à leur sujet. Veillez simplement à ce que le contenu que vous produisez soit de haute qualité, car un contenu de mauvaise qualité donnera à votre entreprise une image peu professionnelle aux yeux de vos clients et vous fera pénaliser par les principaux moteurs de recherche tels que Google.

Chapitre 9 : L'état d'esprit de l'entrepreneur

Il existe une différence significative entre les personnes qui créent leur propre entreprise et les entrepreneurs qui réussissent vraiment. De nombreuses personnes créent leur entreprise, mais peu d'entre elles atteignent réellement le type de réussite dont elles rêvaient au départ. Quelle est la différence entre les personnes qui créent leur propre entreprise et les entrepreneurs qui réussissent ? La réponse est le mindset de l'entrepreneur.
Peu de gens pensent réellement comme de véritables entrepreneurs. Il y a une différence entre créer un emploi pour soi-même et créer une entreprise.
Une entreprise est quelque chose qui pourrait continuer à fonctionner si vous, le créateur, deviez partir.

Cela signifie que vous avez réussi à créer une entité fonctionnelle, et pas seulement un poste où vous faites tout le travail. C'est le type d'état d'esprit que vous devez avoir si vous voulez devenir un entrepreneur vraiment prospère.

La création d'un mindset entrepreneurial commence dès le début, avant que vous ne fassiez quoi que ce soit pour lancer votre entreprise. Cela signifie avoir une grande vision et une grande passion. Il s'agit de réfléchir soigneusement à tout ce que vous voulez que votre entreprise soit avant même qu'elle n'existe. Cela signifie transmettre votre vision, vos rêves et vos principes à l'entreprise dès le départ. Vous devez vous poser des questions pertinentes afin de pouvoir vous concentrer sur autre chose que les fonctions quotidiennes de gestion de votre entreprise. Votre entreprise doit être construite sur vos rêves, vos passions et vos principes. C'est la différence entre un travail et une entreprise.

Outre la façon dont vous envisagez votre entreprise, vous devez également vous assurer que votre personnalité et votre caractère sont adaptés aux difficultés du métier d'entrepreneur. Devenir un entrepreneur prospère est un travail de longue haleine qui demande beaucoup de dévouement. Parmi les traits de personnalité et de caractère requis pour réussir dans cette entreprise figurent le sens de l'organisation, la capacité à gérer la pression, la tolérance au risque, une forte motivation mentale, une nature compétitive, une vision saine de la vie, une attitude positive, l'esprit de décision, la patience, l'optimisme et la force pure. Ce mode de vie exige également de la confiance en soi et une pensée indépendante.

Il est possible de cultiver un état d'esprit d'entrepreneur dans votre vie quotidienne si vous ne l'avez pas déjà intégré. Certaines personnes sont naturellement conçues pour être d'incroyables entrepreneurs, tandis que d'autres doivent développer ces traits en elles-mêmes. Peu importe lequel de ces deux exemples vous êtes…, comme vous l'avez déjà appris, le véritable esprit d'entreprise naît de la passion et du désir. Si vous avez la bonne dose de passion et de désir d'accomplir quelque chose, alors vous aurez la motivation nécessaire pour faire tous les changements et toutes les modifications nécessaires pour que ces choses deviennent réalité. C'est l'art de développer un état d'esprit d'entrepreneur.

Prendre ce que vous avez appris et l'incorporer dans votre façon de penser

Avoir un mindset d'entrepreneur signifie incorporer tout ce que vous avez appris dans votre façon de penser et d'agir chaque jour. Cela signifie concentrer son énergie sur ce qui est nécessaire pour réussir sa vie, ce qui inclut la réussite de son entreprise. L'entrepreneur qui réussit fait ce qui est nécessaire pour bien faire son travail. Cela peut signifier s'entraîner à se concentrer sur les aspects positifs, travailler pour surmonter ses défauts et apprendre le plus possible chaque fois que c'est possible.
Un véritable entrepreneur n'est jamais en congé, même s'il sait quand travailler et quand se détendre. L'état d'esprit de l'entrepreneur peut être appliqué à tous les aspects de votre vie, et pas seulement à la façon dont vous gérez votre entreprise. Cette façon de penser peut être utilisée pour améliorer vos relations avec votre famille et vos amis, la façon dont vous développez vos passe-temps et vos intérêts et vos compétences

parentales. Les entrepreneurs sont des apprenants flexibles, compétents et capables. Il n'y a presque rien dans cette vie qu'ils ne puissent faire ou accomplir, surtout s'ils ont de la volonté et de la passion derrière leurs motivations.

Vivre le style de vie de l'entrepreneur

Le mode de vie de l'entrepreneur présente de nombreux avantages. Pour de nombreux entrepreneurs, ce mode de vie est synonyme de liberté, d'objectif et de plaisir. Il est également synonyme de travail acharné et de motivation sans fin. L'entrepreneur qui réussit vit pour son travail. Cela ne veut pas dire que leur travail est la seule chose dans leur vie, mais que leur travail est la passion de leur vie. Pourriez-vous imaginer vous réveiller tous les jours pour vous rendre à un travail que vous aimez et que vous avez hâte de faire ? C'est le mode de vie de l'entrepreneur qui réussit et c'est pourquoi il est si important que vous choisissiez quelque chose qui vous passionne vraiment.

Le mode de vie de l'entrepreneur est également l'une des principales raisons pour lesquelles vous voudrez subir cette incroyable transformation. C'est pourquoi vous voulez faire quelque chose de différent et de plus significatif de votre vie. C'est un choix différent. Ce n'est pas la "rat race" ou le "daily grind". Ce n'est pas "travailler pour l'homme". Il s'agit de travailler pour vous-même, par vous-même et pour ce que vous appréciez le plus dans la vie. C'est un choix de vie.

Savourez votre réussite

Nous espérons que vous aurez ce qu'il faut pour devenir un entrepreneur vraiment prospère et que vous serez capable de vous pousser à accomplir tout ce qu'il faut pour réussir. Si vous êtes capable d'accomplir ces exploits, vous pourrez faire l'expérience de ce que peu de gens dans ce monde pourront ressentir- la capacité de profiter de votre succès dans la vie.

Presque toutes les formes de réussite apportent le plaisir et la fierté de l'accomplissement, mais peu d'entre elles ont un goût aussi doux que la réussite que l'on a soi-même créée. C'est une chose vraiment étonnante que de pouvoir regarder votre vie réussie, qui comprend votre passion, votre rêve, votre capacité à vivre le genre de vie que vous voulez et votre sécurité financière, et de savoir que c'est vous qui l'avez réalisée! Si peu de gens ne peuvent que se remercier eux-mêmes pour la vie extraordinaire qu'ils mènent. Ce sentiment vaut plus que tout l'argent ou les possessions matérielles auxquels vous pouvez penser. C'est un sentiment qui ne peut être éprouvé que par la réussite de l'entrepreneuriat.

Le but de devenir un entrepreneur est de prendre le temps de s'arrêter et de profiter de son succès. Sinon, quel est l'intérêt de tout ce dur labeur ?

Donc, si vous pensez avoir ce qu'il faut pour relever le défi et développer un esprit d'entreprise, vous devriez immédiatement commencer à le faire. La bonne nouvelle, c'est qu'il existe de nombreux outils pour vous aider dans votre démarche. Qu'il s'agisse de maîtriser les compétences de base et les traits de personnalité des propriétaires d'entreprise qui réussissent ou d'apprendre les subtilités du marketing d'une entreprise, il existe des centaines de milliers d'outils d'apprentissage pour vous aider à atteindre vos objectifs. Si vous êtes prêt à vous former, elles vous seront facilement présentées.

Le meilleur conseil que l'on puisse donner à un entrepreneur en herbe est de profiter du monde de l'information dans lequel nous vivons et d'apprendre autant que possible chaque fois que vous le pouvez. Les personnes intelligentes profitent de tous les avantages qu'elles peuvent trouver, et les vastes quantités de connaissances disponibles sont certainement un avantage considérable. Apprenez ce que vous devez savoir pour devenir un entrepreneur prospère, puis créez en vous un état d'esprit qui vous permettra d'apporter les changements appropriés à votre physique et à votre mental. Il n'y a rien que vous ne puissiez faire si vous y mettez du vôtre!

Epilogue

Vous connaissez maintenant tous les astuces pour réussir en tant qu'entrepreneur, du début à la fin. Vous devez maintenant passer à l'action et commencer à mettre en œuvre ces astuces vous-même afin de réussir. N'oubliez pas que vous devez faire preuve d'une grande volonté et d'une grande résilience pour réussir, ainsi que de passion pour ce que vous faites.

Nous espérons que ce livre a apporté des changements positifs durables dans vos vies et nous serons heureux de voir vos entreprises prospérer.

www.ingramcontent.com/pod-product-compliance
Lightning Source LLC
Chambersburg PA
CBHW080618220526

45466CB00010B/3382